DESCRIPTION
DU
LYONNAIS ET DU BEAUJOLAIS

CONTENANT DES DÉTAILS

SUR LA SITUATION DU PAYS, LES MONTAGNES, LES FLEUVES, LES RIVIÈRES, LES MINES, ET AUTRES CHOSES REMARQUABLES,

PAR

Guillaume PARADIN,

Doyen du Chapitre de Beaujeu.

Lu à la Société impériale d'agriculture, d'histoire naturelle et des arts utiles de Lyon, dans la séance du 3 février 1860.

APERÇUS PRÉLIMINAIRES.

On possède plusieurs anciens livres dans lesquels la géologie et la géographie physique lyonnaise et beaujolaise ont été traitées d'une manière plus ou moins complète. Tels sont ceux de Duchoul, d'Alléon Dulac, de La Tourette et de Verninac; le recueil des *Anciens Minéralogistes de France*, par Gobet, 1749; quelques mémoires de Jars et de Blumenstein. Enfin l'on peut encore ranger dans la même catégorie l'*Almanach de Lyon pour l'année 1760*, à cause des indications qu'il renferme au sujet des curiosités naturelles de certaines localités dont il donne la nomenclature.

D'autres travaux sont demeurés à l'état de manuscrits, et parmi ceux-ci nous pouvons ranger les suivants :

1° *Générale description de l'antique et célèbre cité de Lyon, des pays lyonnais et beaujolais, renfermant une description* topographique du *Franc-Lyonnais*, de la province du *Lyonnais* et de celle du *Beaujolais*, par N. de Nicolaï, sieur d'Arfeuille. (Bibliothèque impériale. Paris.)

2° *Histoire du Beaujolais*, 2 vol. in-folio. (Attribué, mais sans fondement, à Louvet. Inscrit au n° 1,482 du catalogue de Delandine de la bibliothèque de Lyon.) Ce volumineux manuscrit reproduit brièvement les mêmes questions que le précédent. Le chapitre VI est consacré spécialement aux mines.

3° *Météorologie de Lyon*, par le P. Béraud et l'abbé de la Croix. 1 vol. in-folio, conservé à l'Observatoire, et renfermant vingt-huit pièces. Les résumés de l'abbé de la Croix, comprenant l'ensemble des années 1761 à 1780, sont fort intéressants et ils seront certainement publiés un jour.

On savait également que divers manuscrits étaient sortis de la plume de Guillaume Paradin, et l'on devait en désirer l'impression, parce que, en vertu de leur ancienneté, ils pouvaient servir de pendant à la *Description du Pilat*, par Duchoul, volume très-rare dont notre digne bibliothécaire, M. Mulsant, se propose de donner une nouvelle édition avec des notes. D'ailleurs ces vieilles compilations ont tout au moins le mérite de conserver le souvenir de certains faits au sujet desquels les traditions locales deviennent de plus en plus insuffisantes.

La difficulté était de retrouver ces notices qui ne sont pas mentionnées dans les listes des ouvrages de Paradin. M. Poyet, ingénieur civil des mines, à Aubusson, s'occupant de recherches sur nos anciennes exploitations, entreprit de faire cette découverte. Grâce à ses soins, nous avons pu obtenir des extraits conformes, fournis avec une extrême obligeance par M. Louis Paris, directeur du cabinet historique de la Bibliothèque impériale, où les originaux sont conservés dans le *Fonds Delamarre*, volume 9476.

D'après l'historique dont on est redevable à M. Michaud (*Biographie universelle*), Guillaume Paradin naquit, en 1510, à Cuiseaux (Ain), ville qui dépendait alors du bailliage de Châlons (Saône-et-Loire). Quoique peu favorisés de la fortune, ses parents lui donnèrent une éducation suffisante pour qu'il pût embrasser l'état ecclésiastique, et devenir l'instituteur des enfants de Prevost, lieutenant-général du bailliage de Dijon, grand amateur d'antiquités. Celui-ci lui légua ses recueils de pièces tirées de la Chambre des comptes et des archives de l'abbaye de Ste-Bénigne.

Dès lors Paradin put se livrer entièrement à l'étude de l'histoire. Il parcourut une grande partie de la France et des Pays-Bas pour rassembler des matériaux. Il s'occupa, le premier, à débrouiller les annales de la Bourgogne, et ses travaux l'ayant fait connaître du cardinal Charles de Lorraine, ce prélat le prit en affection, le présenta au roi Henri II qui l'assura de sa bienveillance particulière. Paradin fut bientôt pourvu d'un canonicat du chapitre de Beaujeu dont il devint le doyen. Un journal autographe, contenant au sujet des années 1572 et 1573 plusieurs particularités assez curieuses, parmi lesquelles on remarque celles qui concernent la Saint-Barthélemy, fut sauvé de la destruction par M. d'Aigueperse, savant antiquaire et membre de l'Académie de Lyon. Ce cahier établit que Paradin remplissait les fonctions du décanat au moins en 1552. Enfin on sait qu'il mourut à Beaujeu le 16 janvier 1572.

Ses ouvrages démontrent suffisamment sa science et son caractère laborieux. Plusieurs historiens du Lyonnais ont beaucoup puisé chez lui. On ne lui reproche que de s'être souvent montré trop crédule, et pour l'excuser, on ajoute que ce défaut était fort commun aux écrivains de son siècle. Certes, en y regardant de près, on découvrirait, à l'époque actuelle, des savants, et notamment des géologues, doués d'un esprit non moins bénin que l'était celui de nos devanciers. La différence ne roule que sur les objets qui excitent la confiance selon les temps et les lieux. Dans quelques années, le progrès ayant fait tomber dans l'oubli certains systèmes du moment, on trouvera leurs adhérents tout aussi naïfs que nous paraissent l'être Paradin, Don Calmet et leurs contemporains, quand ils ajoutent foi aux visites des démons et autres imaginations du même genre. La théorie de l'apparition des esprits infernaux étant alors parfaitement admise, ils basaient leurs arguments sur cette donnée. Malgré un ardent amour de la vérité, ils ne comprenaient pas la nécessité d'analyser l'amas des rêveries démonologiques. De même plusieurs de nos hommes de science, dans l'impossibilité d'aller vérifier les faits, acceptent des hallucinations, s'en servent couramment dans leurs écrits, et vivent avec l'intime persuasion qu'ils rendent de grands services à l'espèce humaine.

Il est inutile de rapporter ici la liste des traités imprimés, purement historiques ou autres de Paradin; mais on apprendra sans doute avec intérêt que son frère, Claude Paradin, également chanoine du chapitre de Beaujeu, et auteur de deux ouvrages encore très-recherchés par les amateurs de raretés bibliographiques, reçut de M. de Mandelot, lieutenant pour le roi, au gouvernement du Lyonnais, Forez et Beaujolais, l'ordre de faire la carte du pays. Il se transporta sur les lieux, et, par suite de cette mission, il put se procurer quelques renseignements sur nos mines, dont nous joignons ici le détail extrait du manuscrit déjà cité de Louvet. (Chapitre VI, *Des Mines*, pag. 56 et 57.)

« Il a laissé par écrit qu'il y avait des mines à Joux-sur-
« Tarare, Propières, Claveysoles, St-Cyr-de-Chatoux et
« Odonas. Qu'en la paroisse de Joux, et au lieu appelé la
« *Vieille-Montagne*, il y a des mines tenant argent, plomb,
« cuivre et pur d'or; au chemin de Repins, tenant trois
« mares et demi d'argent pour cent, et une autre, à un
« quart de lieüe du château de Joux et demie lieüe de
« Laipus, tenant comme de pur, à un mare pour cent.
« Quant à celle de Propières, qu'il appert d'un mémorial
« de Jean Magnein de Beaujeu, cinsier de ladite mine sur

« la fin de l'année 1458 et commencement de l'année 1459,
« fait en l'espace de moins de seize mois, ez-dites mines, sa-
« voir : argent, sept marcs six onces et demy, trois deniers;
« plomb, 113 quintaux et 70 livres. Que celle de Clavey-
« solles forme vitriol, et tient aussi argent, plomb, cuivre
« et souffre. Qu'en celle de St-Cyr-de-Chatoux, près le châ-
« teau d'Yuoing (Ste-Paule), il y a mines de charbon, bon
« à chauffer et faire de la chaux, mais inutile à forger. Qu'en
« celle d'Odonas, le plomb paie les frais sans argent; mais
« que l'eau empêche le travail. »

Dans cette énumération, Claude Paradin ne fait pas mention des mines de cuivre de Chessy et de Sain-Bel; mais on verra dans les détails de son frère qu'elles étaient, sinon exploitées, du moins connues. Espérons que M. Poyet pourra bientôt publier les nombreux documents qu'il a recueillis non-seulement sur ces exploitations, mais encore sur l'ensemble de celles du pays. Rappelons enfin les intéressants détails historiques déjà rassemblés par M. Gruner dans ses notices sur les filons du département de la Loire. Elles sont consignées dans les *Annales de la Société d'agriculture de Lyon*, 1856 et 1857.

J. FOURNET,
Professeur à la Faculté des sciences.

OBSERVATIONS MÉMORABLES

DES PAYS

DE LYONNOIS ET BEAUJOLLOIS

PAR GUILLAUME PARADIN,
Doyen du Chapitre de Beaujeu.

OBSERVATIONS DU LYONNOIS.

De la situation du pays.

Il consiste la plus part en montagnes, et espace de plaine qu'il y a est en quatre lieux, à sçauoir l'une entre Villefranche (à prendre aux limites de Beaujolois) Chazey, Lixy (1), le Mont-d'Or et la Saosne, qui est très-bon et fertile terroir. L'autre est assez estroite le long du Rhosne, tirant à Gyuors qui est bon pays. L'autre est entre Dommartin, l'Arbresle, Tarare, Lentilly, Polliennay, Greyzé-la-Varenne et Tassins qui n'est si bon pays en plusieurs endroits. Et la quatriesme est le franc Lyonnois, entre la Saosne et la part de Dombes, qui est bon pays, mais de peu d'estendue. Et fait à noter que les places de St-Bernard, les Bruyères et Ryortier (2) du comté dudit franc Lyonnois sont enclauées dans le pays de Dombes, entre Beauregard et Treuols (3), et en sont les bornes apparentes au-dessous du port de Frans peu en sus Ryortier.

(1) Lissieu.
(2) Riottier.
(3) Trévoux.

Des Montagnes.

Entre plusieurs belles montagnes du Lyonnois, on en pourroit noter quatre principales, ascauoir le Mont-d'Or, le Puys-de-Pila, Arioz (1), Pypet (2) : le Mont-d'Or en toute espèce d'assiette, bonté et beauté, est estimé communément la plus belle montagne de France : le Puys ou mieux Py de Pila à haute et double croupe produit a force beaux sapins et duquel le vulgaire parle fabuleusement : quant à Pilate, Arioz et Pypet, montagnes voisines, contiennent bois de haute fustaye, principalement Arioz et aussy plusieurs taillys. Au regard de plusieurs autres montagnes du Lyonnois, ce sont quasi toutes belles collines produisants la plus part bleds et vins.

Des Fleuves.

Le Rhosne venant costoyer le franc Lyonnois et se jettant sur Lyon, passe de là au long de Lyon jusques sous Coindrieu (3), qui sont enuiron de sept à huit lieues, contient en cet espace, les ports qui s'ensuivent, ascauoir : le port de Pierre-Benoeste (4), le port de Hurigny (5), le port de Vernaizon, le port de Grigny, le port de Gyuors (6), le port de Molles seulement pour aborder à l'endroict de Vienne, le port de Coindrieu, le port St-Alban est à une lieüe sous Coindrieu. La Saosne commence à entrer en Lyonnois au long du chemin d'entre Villefranche et Anse, ou sont les limites du Lyonnois et Beaujolois, arrousant cette tant belle et bonne lieue de pays de laquelle l'on dit communément, entre Villefranche et Anse, est la meilleure lieue de France ; sépare

(1) Arjou, ou *Altare Jovis*.
(2) Popez.
(3) Condrieu.

(4) Pierre-Bénite.
(5) Irigny.
(6) Givors.

donc et passe entre le Lyonnois et le franc Lyonnois et ainsy costoyant la pluspart du pied du Mont-d'Or, faisant l'Isle-Barbe, s'en va espouser le Rhosne sous Lyon, dont ainsi est toute Lyonnoise, ou peu s'en faut, l'espace de cinq lieues ou dauantage pour raison du tour qu'elle fait et laquelle espace elle contient les ports qui s'ensuiuent, ascauoir : le port de Ryortier, le port St-Bernard au droict d'Anse, le port de Treuols, le port Masson au droict de Genay, le port de Vimy (1), le port de Rochetaillée, le port de l'Isle-Barbe. Loire venant du Roannois, flue entre celles deux parties du Lyonnois appellées l'une le Charliiois, et l'autre d'outre Loire et auparauant a aussy costoyé le Beaujolois vis-à-vis de Roanne, touche donc le Lyonnois enuiron trois lieues ou plus contenant en celle espace les ports suiuants, ascauoir : le port d'Aigully, le port de Poilly (2), le port d'Aiguerande (3).

Des Torrents et Rivières.

Giers ou Gierdeuse, en vieil langage gaulois comme l'on diroit espouuantable ou effroyable et de laquelle est denommée le Gierez que l'on dit Jarez, aval duquel elle passe, prend sa source en la montagne du Py de Pila, passe à St-Chaumont (4), Rive-de-Giers, et va se jetter au Rhosne peu sus Gyuors que l'on pourroit dire Giersvolts : ledit torrent de Giers vollant en ce lieu dans le Rhosne. C'est un impétueux torrent mesme en temps de crue d'eaux dont lors ne se pourroit goffé, mais il y a des ponts dessus à St-Chaumont, Rive-de-Giers et à mon advis encor peu plus haut, puis est Romain en Giers qui pour cette cause est aussy dit en Gies à la difference de l'autre St-Romain en Gierez, et monstre bien en Gies à la profondité de son canal, l'impétuosité de son cours, vray

(1) Neuville.   (3) Iguerande.
(2) Pouilly.   (4) St-Chamond.

est que son dit canal est quasi tout pavé de nature de belles pierres de gray. Hazargue denommé de hazardeux que pour la variété de changement qu'il fait soudain par ravages en ses passages et gués venant de Beaujolois, entre en Lyonnois vers Ternant, passe au pont de Tarez, ou il charje Valsoanne s'en va costoyer Chessieux(1) et Chastillon d'Hazargue, puis recevant Brevenne à Dorryeux (2) ainsy denommé à cause de ses deux ryeux en la confluence desquels il est assis, se tourne contre Chazey, passe prés d'Anse auquel lieu sur le grand chemin de Bourgogne à Lyon est très-dangereux à passer à gué en temps de crües d'eaux, et là où il est advenu et advient souvent plusieurs personnes se noyer pour faute de refaire et maintenir le pont en boncs planches, lesquelles aucunes fois refaictes sont tantost par un malheur rongies petit à petit et ne sçay si ce pourroit proceder quelles peuvent empescher le passage du bac que l'on y tient en grandes eaux ou non, tant y a que c'en est la commune voix. Ce torrent d'Hazargue dont entre en la Saosne vers Amberieux, village assis un peu plus bas que les planches, lequel est ainsi appellé pour raison aussy que les deux rieux de la Saosne et Hazargue s'y assemblent. Le moyen à présent d'y passer cette Hazargue à l'endroit du Lyonnois sus pont de planches est au pont de Ravaz, Civrieu, Lozanne et lieu susdit près d'Anse. Brevenne qui par son nom déclare sa briêfve venue part des montagnes et contre forts vers l'Argentière, passe à Mont-Roman (3), Courzieu et Sain-Bel (4), puis arrivé à l'Arbresle, s'accompagne de Tourdenne (5) venant de Tarrare et ainsi s'en va jetter dans Hazargue à Dorryeux ainsy que dessus. Touchant la susdite Tourdenne ainsy denomméc à cause de ses tournoyements et pareillement autres petits torrents, rivières ou ruisseaux comme le ryeux d'Oullins, Folin, Bassenon, Garon, Trésanele (6) et Soanne, ils ne sont

(1) Chessy.
(2) Doirieux.
(3) Mont-Romand.

(4) En latin *Sanum Bellum*.
(5) Turdine.
(6) Trésanelle ou Trésangle.

icy à mentionner plus amplement pour n'estre de grande importance fors que quand les crues d'eaux sont fort grandes. Sornin d'autre costé en Lyonnois tombe des bois et montagnes d'Haulioz (1) en Beaujolois, prend son cours par un canton du Masconnois, mesmes passant par Chasteauneuf, de là entre en Lyonnois aprochant Charlieu, puis au fond du village de St-Nizier sous Charlieu, et en outre bien bone a poisson et n'est de telle violence que sont Hazargue, Giers et Brevenne.

Des Mines ou Minières.

L'une des mines de Sain Bel tirant à Chevenne (2) tient or, argent et azur, l'autre dudit lieu tirant aussy à Chevenne peu plus haut que l'autre tient cuivre et quelque peu d'or et d'azur. La mine de Savigny au lieu de la grange Bonichon, distant de Savigny de cart de lieue tirant à St-Romain de Pypet (3) tient plomb et argent une once pour cent. La mine de St-Laurent de Chamosset (4) prés du chasteau de Tourville et la montagne appellée Cheznoyes (5) tient beaucoup d'antimoine. La mine de Vaugneray à cart de lieue de l'Eglise tirant à Courzieu, tient quatre onces d'argent pour cent de plomb. La mine de Montrottier tirant en Forest est de plomb et d'argent tient trois onces d'argent pour cent de plomb. La mine de Chasselay prés du chemin d'Anse à Lyon est de plomb et argent tient pour cent de pierres octante livres de plomb et une once et demie d'argent. La mine de Brullioles a traict d'arquebuze de l'église et laquelle faisait faire Jacques Coeur de Bourges dont furent faites les piéces appellées Jacques Coeur, est de plomb et d'argent tient pour

(1) Aujoux, en latin *Altum Jugum*.
(2) Chevinay.
(3) St-Romain-de-Popez.
(4) St-Laurent-de-Chamousset.
(5) Les Noyers?

cent de plomb cinq marcs d'argent. La mine de Cheyssieux (1) où les Baronnats (2) ont fait travailler et aussy ledit Jacques Cocur est d'or et de soufre. — A St-Genys terre noire, vers St-Chaumont sont des mines de bon charbon de pierre. Se sont aussy à Rive-de-Giers, mais non en telle quantité. C'est merveille de voir les habitans de ces pays qui en sont tous noircys et parfumés pour l'usage ordinaire qu'ils en font en leur chauffage en lieu de bois, dont il n'y a maison, leurs mangers, pain ny vin qui n'en soit tout parfumé; mais le principal profit qui vient, c'est des forges au moyen de quoy est le Gierest fort fréquenté, dont infinité de certaine race de paouvres estrangiers forgerons lesquels ne demeurent gueres en un lieu, mais vont et viennent, ainsy qu'oyseaux passagers, mesmes pour raison de voysinage des forges de St-Etienne de Furans en Forests.

Autres choses notables.

A St-Chaumont audit pays de Gierest se fait et prépare de la soie jusques à la teinture nourrissant les vers en grand nombre de meuriers y estans, et se peut faire que l'air eschauffé entre deux montagnes, mesmes par la fumée des fournaises d'une infinité de forgerons peut bien ayder à tel commerce, et non seulement profite le moyen en cest endroit mais aussy qui se peut faire à purifier l'air, et conserver santé aux personnes, et ne sçay si ce mot de St-Chaumont proviendroit de là. Tant il y a toutes fois qu'il porte mont-sain-et-chaud. A St-Cyr, au Mont-d'Or et autre lieu circonvoysin sont les tant riches perrières, mesmes en possédent des cartiers et autres lozes, tablatures et parement marquetés dont la cité de Lyon est la plus part construite et décorée de toute antiquité jusques à présent. A Cheyssieux sont aussy les belles perrières de pierres jaunes dont aussy

(1) Chessy.   (2) Voir Pierre Clément, t. 1, pag. 291.

s'édifient plusieurs beaux bâtimens à Lyon. Audit Cheyssieux et mesmes du fond desdites perriéres sort une tant belle fontaine que distribuant particuliérement des fontaines par toutes les maisons de la ville fait en ça moudre deux moulins dans icelle, à raison de quoy s'appelle ce lieu Cheyssieux ou d'eau chéant ou tombant. Ce mot antique yeux signifiant eau, ainsy que tout apertement l'on peut entendre par plusieurs noms de lieux qui sont spécialement en Lyonnois, lesquels le portent et conservent jusques à présent, et sont les noms terminant en yeux pour raison des eaux là issants ou y passants, comme Couzieux, Yzieux, Bressyeux et plusieurs autres. Le charroy du commerce des fleuves de Loire, le Rhosne et la Saosne par le Lyonnois est de douze lieues de Roanne à Lyon et fort difficile par les montagnes de Tararre.

OBSERVATIONS DU BEAUJOLLOIS.

De la situation du pays.

Le Beaujollois est encore plus montueux que le Lyonnois et n'y a que bien peu de plaine, laquelle est en deux lieux, assauoir au long de la Saosne ce qui est dudit pays et qui est depuis Dracé et Lencys (1) jusques aux limites d'entre Villeneufve et Anse, séparants le Beaujollois du Lyonnois, contenant cet espace en longueur environ trois lieues et demie, et de largeur fort estroit, comme du port de Belleville à St-Lagier sur le chemin de Beaujeu, ou du port de Rivière à Sales, qui est l'endroit le plus large, contenant au plus environ une lieue et demie, et est cette plaine trèsbon et abondant pays, et peut-on dire des meilleurs de

(1) Lancié.

France. L'autre plaine qui est beaucoup moindre, est du Beaujollois qui est au long de Loire et qui s'étend contre Perreux environ une lieue de largeur et possible deux de longueur, et est un assez bon pays, et quant au surplus du Beaujollois, il consiste tout en montagnes.

Des Montagnes.

Entre une infinité de montagnes donc du Beaujollois, il y en peut avoir deux qui sont remarquables, à scauoir, celle de Haulioz et Tourncon : Haulioz situé à plus d'une grande lieue par dessus Beaujeu, sur le chemin dudit Beaujeu au Bois-Ste-Marie ou à la Clayette, au port Digoin et par conséquent à Paris, consiste quasi tout en grands bois ou forests de haute fustaye, et bois la plus part de fang (1) duquel se font plusieurs choses trés nécessaires, et est en une infinité de lieux de telle espaisseur de menu bois, que souvent l'on ne pourroit appercevoir une persone du long d'une picque et encor moins, particuliérement l'esté que le bois est feuillé, au moyen de quoy si font aual l'année des merveilleuses voleries et brigandages, joinct que c'est un trés mauvais attraict et passage à cause des chemins pierreux, tortueux et montueux qui y sont. Sur la plus haute teste de cet Haulioz, il y a une chapelle que l'on dit de St Loup, duquel on célébre la feste sur la fin du mois de juillet, et adonc estant le bois en épaisseur et verdure Dieu scait quelle dévotion y meine, ou y fait courir pesle-mesle un tel nombre de gens, jeunes compagnons et filles, menestriers, taverniers et escrimeurs que c'est chose incroyable de cette assemblée, laquelle ils appellent Noques, qui est mot d'un desbordement selon les maistres mariniers. Je ne toucheray point plus outre des inconveniens et scandales qui y sont advenus de nostre temps priant Dieu y pourveoir par sa saincte proui-

(1) Fayard, fau ou hêtre.

dence et équité. Tout au devant de lad.^{te} chapelle St-Loup au plan du sommet de la montagne, il y croit une herbe estrange, laquelle je ne sache avoir jamais veu ailleurs quelque curieux que j'aye esté au remarquement des simples, ny mesme ne scay si les historiens des simples en ont jamais veu ou escrit, tant y a que c'est la mort des chiens, des renards, et possible des loups au dire d'aucuns gentilshomes voisins du lieu, et à la vérité il me semble que c'est une espèce d'Aconit ou Pardalianches (1). Il y a dans ce bois d'Haulioz un lieu sur le grand chemin susdit que l'on apelle la Verrière pour autant que l'on y faisoit des verres, il y a enuiron septante ou quatre-vingt ans, et est ce lieu merveilleusement dangereux à passer, attendu sa solitude et qu'il est fort éloigné de maisons. Ainsi donc est Haulioz en Beaujollois, et Arioz en Lyonnois, l'une ditte comme haute montagne, et l'autre Arioz ou ardente montagne. Tourućon (2) ou Tournoyon ou selon les vieilles pancartes Toluedon, est la montagne de Beaujollois plus descouuerte de plus loing, et non seulement la voyent tous à plein les Bressans, mais aussy ceux d'une longue estendue du Reuers-Mont et l'appellent les uns et les autres le monceau de bled pour estre de cette forme. Cette montagne est fort stérile, déserte et sauuage et ne contient que broussailles, bruyères et pierres; bruyères vraiment de telle épaisseur et hauteur que l'on n'y peut marcher qu'à grand peine, et entre-t-on dedans jusques aux genoux et plus. Il y auait jadis au sommet d'icelle un fort duquel s'y retiennent encor les vestiges et fondements, ensemble cisterne peu ruinée, le tout fait d'un trés bon et fort ciment composé de brique pillée, sable et chaux chaude ainsy que celuy des antiquités de Lyon. Aucuns sont d'opinion que ce fort en si haute montagne pouuoit estre une guette faite par les Romains pour la garde du pays, après la conquête d'iceluy ainsy qu'ils en auoient fait en plusieurs lieux.

(1) *Aconitum pardalianches* de Théophraste.

(2) Torvéon ou Tourveon (*Tour-Voyant*).

Les paysans du lieu disent que c'estoit le chasteau de Ganelon et en content une longue fable, tant y a que pour toute mémoire qui en reste, c'est une certaine chastellenie apartenant au seigneur, à présent Monseigneur le duc de Montpensier. Plusieurs autres montagnes sont en Beaujollois lesquelles ne sont ainsy notées que la précédente, et néant moins ne laissent pas d'estre de grande conséquence, mais pour autant qu'elles sont continentes ou conjointes ensemble par cantons et de là on ne les remarque pas comme les autres. Il y a donc un dos d'asne de hautes montagnes de longue estendue, depuis assez prés de Beaujeu, ou si ainsy le faut prendre, à Beaujeu mesme, car montant du chasteau le chemin de Claueysolles (1), vous prenés les montagnes des bois de Thyon et de Tournesouls (2), de là se tournant à gauche, on rencontre Sobran (3), montagne à haute teste aigue, et tenant selon sa hauteur aucune forme de Tournéon, suivant ainsy ce dos d'asne entre matin et midy la part de Villefranche par le chemin des montagnes, on se trouve sur le mont de la Sèpe (4) du haut duquel on descouure une bien grande partie du Beaujollois, ce que l'on fait aussy aucunement du Lyonnois, ouy du Masconnois et de la Bresse. Du Beaujollois donc se voit le bon pays tout le long de la Saosne, les belles collines des vignobles sur Villefranche en partie et la vallée quasi jusques à Beaujeu, c'est quand à l'aspect de gauche, et quand à celuy de droicte qui est entre midy et soir, on descouure presque toute la vallée du cours d'Hazargue; par les paroisses de Claueysolles, St-Nizier-d'Hazargue, la Mure, Grandrys, Chamboz et jusques près de Chamelet, s'étend comme l'on suit toujours chemin sus les montagnes de Chattou et non seulement voit-on celle vallée d'Hazargue susdite, mais davantage voit-on plus outre une grande partie des montagnes sus le chemin de Roannois qui sont mentionnées cy-après. Touchant les montagnes du

(1) Claveysolles. (3) Soubran.
(2) Tournissou. (4) Signal d'Auguel ?

Chattou susnommées conjointes avec les monts de la Sèpe, elles sont de longue estendue et tiennent depuis St-Cyr-lez-Chattou et Prieuré de St-Sorlin jusques contre Ste Paule, Chamelet et Lestraz (1) tousjours fascheuses montagnes, bien esuentées et assez maigres. Delà, outre la riuière d'Hazargue, sont aussy de grandes et fascheuses montagnes à scauoir de St-Just d'Auvray (2) ou mieux d'Hauturay, ou vray haut et de St-Clement et Val-Soanne et de St-Apollinar (3). Revenant aux autres montagnes sus le chemin de Beaujeu à Roanne, qui sont la Grimicelle, les haults St-Bonnet-de-Troncy, montagnes de Thiel (4) et Renchet (5), ce sont bien des plus hautes du Beaujollois, des plus froides et plus sauuages. Autres montagnes sont encore suiuants et voisines des précédentes qui sont de Cours, Mardore, la Grèle et Thizy, mais elles ne font telles grimaces. Joignant Beaujeu du côté de byze contre Mascon, sont les montagnes de Malaual (6), Auenaz, Bourbeys (7), Vauxrenard et St-Jacqueine, qui sont assez de mal attraict. Dauantage sont plusieurs autres montagnes assez difficiles comme aux Ardillaz, la montagne Fariaz, St-Christophe-la-Montagne, Trades, St-Bonnet-des-Bruyéres, de la Haulioz; et d'autre part St-Germain-la-Montagne, Belleroche, Pole (8) et Chanelettes (9). Deux collines sus Villefranche outre icelle ville encor contre Anse, la petite montagne de Brulés (10) à Donnaz (11) et costeaux de Perreux vers Roanne, ce sont bons et beaux vignobles, ensemble ceux contenus au chemin de Maconnois.

Des Fleuues.

Il est fait mention cy-deuant au premier article et situation du Beaujollois, comme et de quel espace les fleuues de Saosne

(1) L'Etra (en latin *stratum* route).
(2) D'Avray.
(3) St-Apollinaire.
(4) Thel.
(5) Ranchal.
(6) Maival.
(7) Bourbons?
(8) Poule.
(9) Chenelette.
(10) Brouilly?
(11) Odenas?

et de Loire bornent et passent au long dudit pays dont n'est besoin d'en toucher davantage.

Des Torrents et Riuières.

Pour estre le Beaujollois plus montueux en hautes et plus froides montaignes que le Lyonnois, aussy est-il plus fécond en sources, rivières et torrents, de manière que la plus part de ceux de Lyonnois prouiennent de Beaujollois, principalement qui sont de nom comme Hazargue, Sornin qui va à Charlieu, l'une et l'autre Tourdine et Valsoanne, Hazarque donc issant des bois d'Haulioz et Sapinar de Pole par deux bras qui seront assemblés sous St-Nizier d'Hazargue prent son cours droict à la Mure, aux papéteries de la Foletière près d'Allière, Chamelet, Lestraz et de là à Ternant où il entre en Lyonnois ainsy qu'il est dit cy-deuant, en temps il n'y a que trés peu d'eau, mais en creues et grandes pluyes encor est-il dangereux à l'endroit de Beaujollois, vray est qu'il se peut passer en diuers endroits sur ponts et planches. Rains tombe du haut du village de Renchet, ou mieux Rainschet, à cause que Rains en chet, s'en va sous St-Vincent de Rains (1) à Cublize, à Amplepuys, à Regny, à Parigny près de Roanne, de là sous lad^{te} ville de Roanne se desgorge en Loire, ainsy est-ce torrent tout Beaujollois, lequel est gros et très dangereux en rauages d'eaux, expérience que j'ay veu longtemps, ce au grand péril de la vie, et roulloit lors des pierres grosses comme tonneaux, peu en sous les planches d'Amplepuys. Il se peut passer aussy aud^t Amplepuys sur planches de pont rompu, à Rigny sur beau pont de pierre, et aussy à Parigny, mais sur dangereuses planches, lesquelles sont souvent rompues, et n'empesche pour ce torrent le grand chemin de Roanne à Lyon, Ardière ou Ardente ire, issant de la montagne et bois d'Haulioz, vient aux Ardillaz par deux bras, en prend

(1) Rahins.

un autre sous la papéterie sous Beaujeu, venant de St-Didier, passe à Beaujeu, ou en temps de creue d'eaux est augmentée si soudainement de quatre ruisseaux ou petits torrents, que c'est chose espouuantable souuent fois de voir le piteux ménage qu'elle y fait, estant aduenu mesme de nostre temps qu'elle a emporté maisons, moulins, ponts et planches et recentement cette propre année a comblé d'eau, sable et grauier une grande partie du bourg à peu près du premier estage de Beaujeu; prend son cours à St-Jean d'Ardière près Belleuille et peu plus bas se jette en Saosne; là l'on passe sur plusieurs ponts de pierres, tant à Beaujeu que auprès et dauantage à St-Jean d'Ardière sus un autre lequel sert au grand chemin de Lyon à Mascon. Grosne qui se fait bien cognoistre entre Tournus et Chalon, prend sa source en deux lieux en Beaujollois, à scauoir ès bois d'Auenaz et montagne d'Haulioz, s'en va à Clugny et près St-Gengoulps (1), et de là à l'abbaye de la Ferté ou il la faut passer au bac auprès de son arriuée en Saosne ainsy que dessus. Vausoanne tombe des montagnes de la Sèpe mentionnées cy-deuant, et vient aual la paroisse de Vaulx par telle impétuosité en temps pluvieux, que puis enuiron quinze ou vingt ans en ça, elle a despouillé les lieux montueux de ce village, s'y assemblant de divers lieux, à peu près de toute sa terre, se passe souuentes fois à gué sus le chemin de Villefranche, Beaujeu, s'en va à Rogneins (2) où elle se passe à pont de pierre. De là en Saosne au port de Riuière Morgon qui passe à Villefranche, s'assemble peu au-dessus de deux costés d'un bras venant de contre Lacennaz et Glayzé et d'un autre tombant des montagnes de Chattou, se jette en Saosne près Beauregard et là se passe à pont de pierre. On a veu cette rivière de nostre temps tant soudainement desbordée sans grandes pluyes que l'on ne se pouuait sauuer deuuant et venir de tel front et hauteur qu'elle occupoit les autels mesmes de l'église de Villefranche. Mau-

(1) St-Gengou.   (2) Renain.

vaise qui porte bien son nom, part des montagnes d'Auenaz va de contre Oroux par deux bras et à contrepoil de la Grosne, laquelle allant contre la byze ; cette Manuaise se jette de matin et midy par les paroisses de Vaulxregnard, Esmeringes (1) et tournoye le chasteau du Fayer, ayant laissé à costé et plus haut Jullie et Cheynaz (2), laissant donc le susdit Fayer et Jullenaz (3), vient au port Jean-Gras auquel elle entre en la Saosne ; c'est aussi un torrent impétueux par temps de pluye et creue d'eaux, comme venant de hautes montagnes. l'on le passe audit port Jean-Gras sus un pont et sur le grand chemin de Mascon à Lyon. Tremboze (4) ou Trombozant qui passe sous le Bourg de Thizy, vient du haut du village de Cours et s'en va jetter en Rains un peu par dessus Rigny (5); cette est fort grosse par fois et bien dangereuse à gué du temps de pluyes, mais pour n'estre autrement de passage et sus grand chemin, n'est pas de grande conséquence ; on la passe audit lieu de Thizy sus deux ponts de pierre. Plusieurs autres petits torrents et ruisseaux sont en Beaujollois, mais non autrement d'importance.

Des Mines, ou Minières.

La mine de Vaultorte, en la paroisse de Clauezoles à demie lieue de Beaujeu, tient force vitriol et aussy argent, plomb, cuivre et soufre ; on a recommencé à y trauailler puis huit ou dix ans, il y a enuiron de quatre-vingt à cent ans et plus que les Ducs de Bourbonois y prenoient certain droict comme barons du pays et lors y faisoient trauailler aucuns Doyen et autres de Beaujeu dont j'ay certains enseignements. La mine de Champryon (6) en la paroisse de Pôle, tient une once et demie d'argent pour cent de plomb. La

(1) Emeringes. (4) Trambouze.
(2) Chénas.   (5) Régny.
(3) Julienas. (6) Chamrion.

mine de Proprières tient ainsy qu'il apert par un mémorial que j'ay et qui s'ensuit, ascauoir, que Jean Maignin de Beaujeu y faisant trauailler sus la fin de 1458 et commencement de l'an 1459, il fut tiré de ladite mine, en l'espace de moins de six mois, argent sept marcs, seize onces et demie, trois deniers ; plomb, cent et treize quintaux, septante liures. La mine d'Odenaz près la montagne de Brulloz (1) sus le chemin de Beaujeu à Charentay, payoit et satisfaisoit en plomb à toutes mises et frais, restant de gaing l'argent, selon le commun dire de chacun et y faisoit jadis aussy travailler le susnommé Jean Maignin de Beaujeu. La mine de Ste-Paule, en la montagne de Chattou, entre Chamboz (2), Lestraz et Yoin (3), est de charbon bon à chauffer et faire chaux, mais ne vaillant rien à forger.

(1) Brouilly.   (3) Yoingt.
(2) Chambost.

(Extrait des *Annales de la Société impériale d'agriculture, d'histoire naturelle et des arts utiles de Lyon.* — 1860.)

compliance